AF305836

LA
MARCHANDE DE MODES,

PARODIE

DE LA VESTALE,

PAR M. E. JOUY;

Représentée pour la première fois sur le Théatre du Vaudeville, le 13 janvier 1808.

PRIX : 1 fr. 20 c.

DE L'IMPRIMERIE DE LE NORMANT.

A PARIS,

Chez Madame MASSON, Libraire, Éditeur de Musique et de Pièces de Théâtre, rue de l'Échelle, n° 10, au coin de celle Saint-Honoré.

1808.

PERSONNAGES.	ACTEURS.
Mme L'ÉTOFFÉ, M^{de} de modes ;	Mlle BODIN.
M. DE CRÉPANVILLE ;	M. HIPPOLYTE.
JULIE, ouvrière en robes ;	Mlle DESMARES.
LAURE, }	Mlle MINETTE.
JENNY, }	Mlle BETZY.
CADET LICENTIUS, hussard ;	M. AUGUSTE.
FANFARE, frère de Licentius ;	M. ST. LÉGER.
OUVRIÈRES.	
UN CAPORAL ;	M. CARLE.
GARDES, etc.	

La scène est à Paris, dans un Magasin de Modes.

COUPLET D'ANNONCE.

Air.

Vous avez soutenu l'honneur
D'une vestale infortunée ;
Ah ! protégez, dans son malheur,
La cadette ainsi que l'aînée.
Si vous ordonniez son trépas,
On diroit (voyez quel scandale) :
Au Vaudeville on ne veut pas
    Garder une Vestale.

LA
MARCHANDE DE MODES,

PARODIE DE LA VESTALE.

SCENE PREMIERE.

JULIE, OUVRIÈRES.

CHŒUR. *Air de la Caravane.*

Achevons notre ouvrage
Qu'attendent les plaisirs ;
De la beauté volage
Contentons les desirs.

JULIE, *à part, travaillant à une robe blanche.*

Hélas, ce triste ouvrage
M'annonce un doux lien ;
C'est pour un mariage,
Et ce n'est pas le mien.

CHŒUR.

Achevons notre ouvrage, etc.

(*En riant.*)

Ah, ah, ah, ah, ah !

JULIE.

S'il vous étoit possible, mesdemoiselles, d'être un peu
moins gaies.

TOUTES, *riant.*

Ah, ah, ah, ah, ah !

JULIE.

Vous savez que je ne suis pas ici pour rire.

LAURE.

Ma foi, ma chère Julie, tant pis pour toi. Que te manque t il pour cela? Tu es filleule de madame l'Etoffé, notre bourgeoise, qui te laissera un jour son magasin et sa vertu.

JULIE, soupirant.

Hélas!

JENNY.

Tu aimes en attendant un petit brigadier de hussards, dont la caserne est ici près.

JULIE.

Hélas!

LAURE.

Quand tu ne peux le voir, tu entends du moins la trompette de son frère Fanfare; il en donne si joliment, et si souvent!

JULIE.

Hélas!

JENNY.

Eh, ma chère, assez d'hélas!

JULIE, se levant.

Eh bien, mes amies, apprenez tout.

TOUTES, se levant et entourant Julie.

Comment, de nouveau?

JULIE.

Certainement; cet amant adoré, ce cher Licentius!

TOUTES.

Eh bien!

JULIE.

Il n'étoit que brigadier, on le fait aujourd'hui maré-- chal-des-logis.

LAURE.

C'est là ce qui t'afflige?

JULIE.

C'est là ce qui m'épouvante : il voudra me voir dans sa nouvelle dignité ; et mon cœur... O mes amies, vous ne savez pas ce que c'est qu'un galon de plus sur la manche d'un amant !

JULIE.

Air.

A l'amant obscur, un cœur tendre
Peut échapper par maint détour ;
Mais le moyen de se défendre
Contre l'amour-propre et l'amour ?
Hélas ! une double victoire
Presque toujours suit le vainqueur ;
Et plus mon amant a de gloire,
Plus je tremble pour mon honneur.

CHŒUR.

Eh ! mais oui da
On dit que ça finit souvent par là.

SCENE II.

LES MÊMES, Madame L'ÉTOFFÉ.

Madame L'ÉTOFFÉ.

Eh bien, qu'est-ce ?

LES OUVRIÈRES, *poussant un cri de surprise, et retournant à leurs places.*

Ah !

Madame L'ÉTOFFÉ.

C'est fort bien, mesdemoiselles, on s'amuse à causer au lieu de travailler, et l'on donne ainsi l'exemple de la dissipation à ma filleule, qui..... Mais je la crois encore vertueuse.

LAURE.

Vous vous trompez, Madame, nous étions...

LA M^{de} DE MODES,

Madame L'ÉTOFFÉ.

Qu'on se taise, et à l'ouvrage.

TOUTES.

Air : *Ah ! voilà la vie.*

Pour une vétille,
Mon Dieu, quel fracas !

LAURE.

On perd son aiguille,

JULIE.

Ou son fil.

Madame L'ÉTOFFÉ.

Hélas !
De fil en aiguille,
Ma fille, ma fille,
De fil en aiguille,
Que ne perdrez-vous pas!

JENNY.

Nous devons en croire Madame ; elle en sait plus que nous.

Madame L'ÉTOFFÉ.

Sans doute, et voilà pourquoi je suis si sévère.

Air : *Vaudeville de l'Avare.*

Ici, de la sagesse antique
Le dépôt est encore entier,
Et chacun sait que ma boutique
Est en honneur dans le quartier.
Chez moi, dussé-je être incommode,
Je veux des mœurs et des vertus.

LAURE.

Quoi, Madame ne veut donc plus
Tenir des articles de mode ?

Madame L'ÉTOFFÉ.

Point de réplique : vous, Julie, arrangez ce plumet et cette cocarde qu'un jeune maréchal-des-logis vient d'envoyer commander.

JULIE, *troublée, à part.*

Ciel, si c'étoit pour lui !

Madame L'ÉTOFFÉ.

Qu'avez-vous donc ?

JULIE.

Rien, ma marraine ; c'est que je travaille à cette robe de noce que vous m'avez dit si pressée.

Madame L'ÉTOFFÉ.

C'est l'affaire d'un moment. (*Aux autres.*) La corbeille est-elle avancée ?

LAURE.

Nous ne savons comment la garnir.

Madame L'ÉTOFFÉ.

Il faut donc vous répéter cent fois la même chose.

Air *de la Croisée.*

> D'hymen la corbeille, toujours
> Des mêmes objets est remplie :
> Simple habit pour les premiers jours,
> Pour les autres luxe et folie ;
> Par-dessus on place à propos,
> Le lis et la rose vermeille,
> Et puis les soucis, les pavots,
> Au fond de la corbeille.

Passez dans l'atelier des fleurs : comme il s'agit d'un vieux financier, vous pourrez ajouter quelques jonquilles à l'assortiment ; point de pensées.

Vous, Julie, demeurez : j'ai deux mots à vous dire.

SCENE III.

JULIE, Madame L'ÉTOFFÉ.

JULIE, *à part.*

ENCOR quelque sermon?

Madame L'ÉTOFFÉ.

Pour la dernière fois,
Je viens de vos dangers vous présenter l'image.

Air *de la Bonaparte.*

Vous vous perdez,
Vos sens sont obsédés
Par un certain
Lutin,
Qui d'un trait clandestin,
Perce un cœur enfantin,
Change notre destin,
Et du soir au matin,
Ternit le plus beau teint;
De vieux romans remplie,
Votre tête affoiblie,
A tous momens troublée.

Et chez moi tout va mal;
A la vieille Angélique,
Qui de fraîcheur se pique,
Vous donnez l'huile antique
Pour du lait virginal.

La prude Saint-Fal,
Au lieu du schall
Qu'elle commande,
Reçoit un corset,
Par derrière, échancré, Dieu sait;
Riche du matin,
D'un air hautain,
Marton demande
Trois plumes au front :
Vous lui rendez son bonnet rond.

Vous vous perdez, etc.

JULIE.

Eh bien, ma marraine, renvoyez-moi : vous le voyez
bien, je n'ai pas la moindre vocation pour votre état.

Victime infortunée,
Par la force enchaînée,

J'obéis à mon sort, mais c'est en enrageant.

Madame L'ÉTOFFÉ.

Eh! quel plus bel état voulez-vous avoir?

Air : *Femme voulez-vous éprouver.*

La laide vous doit la beauté,
La vieille vous doit sa jeunessse;
La prude, son air de bonté ;
La sotte, son air de finesse.
Est-il un empire plus doux,
Un pouvoir plus grand que le vôtre?
Le beau sexe est à vos genoux.

JULIE.

J'aimerois bien mieux y voir l'autre.

Madame L'ÉTOFFÉ.

Ah! je vois où vous voulez en venir.

JULIE.

Mais je ne m'en cache pas trop.

Sans un petit brin d'amour,
Je m'ennuierois même à la cour.
Je veux sentir à mon tour,
Le petit brin d'amour.

Madame L'ÉTOFFÉ.

L'amour! Voilà donc le grand mot lâché. Savez-vous
ce que c'est que l'amour?

JULIE.

Pas précisément.

Madame L'ÉTOFFÉ.

Eh bien! moi qui le sais, je vais vous le dire en style
d'opéra.

Air : *Je suis bien loin de vous combattre.*

> L'amour est un monstre bizarre :
> De figure, il change souvent ;
> Mais jamais il n'est plus barbare
> Que sous la forme d'un enfant :
> Au genre humain il fait la guerre ;
> Les regrets marchent sur ses pas ;
> Il brûle, il ravage la terre,

JULIE.

Mais il ne la dépeuple pas.

Madame L'ÉTOFFÉ.

Je vois que vous en avez une idée assez juste.

JULIE.

« Au nom de tous les Dieux qu'à tous momens j'implore. »
Madame l'Etoffé, faites-moi un plaisir.

Madame L'ÉTOFFÉ.

De quoi s'agit-il ?

JULIE.

Permettez-moi de ne pas paroître au magasin le reste de la journée.

Madame L'ÉTOFFÉ.

Pourquoi cela ? Mais non, ne me le dites pas ; cela seroit trop raisonnable. Vous êtes la plus jeune apprentie : non-seulement vous resterez au magasin, mais vous y passerez la nuit pour achever cette robe de noces, qu'il faut livrer demain de très-bonne heure.

JULIE.

C'est votre dernier mot. S'il arrive malheur, souvenez-vous que vous l'aurez voulu.

Madame L'ÉTOFFÉ.

Taisez-vous donc, petite sotte : j'entends M. de Cré-

panville, le chef de cet établissement ; vous savez avec
quelle rigueur il punit les paresseuses ; à l'ouvrage.

SCENE IV.

LES PRÉCÉDENS, M. CREPANVILLE.

CREPANVILLE, *à la Cantonade.*

QUE mon cabriolet m'attende au Vaudeville, ma dor-
meuse à l'Opéra, la demi-fortune à Louvois. Ah mon
Dieu, quelle oisiveté dans ce magasin !

Madame L'ÉTOFFÉ.

Ah, Monsieur, ce n'est que depuis un moment ! Mesdemoiselles, Mesdemoiselles...

SCENE V.

LES PRÉCÉDENS. *Les ouvrières qui rentrent.*
LES OUVRIÈRES *se rengeant autour de M. de Crépanville.*

CREPANVILLE.

NOUS voici.

CHŒUR.

Air : *Te bien aimer.*

Dieu des chiffons, digne soutien des belles,
De la toilette auguste ordonnateur,
Répands ici tes clartés immortelles,
Et remplis-nous de ton goût créateur.

CREPANVILLE.

C'est bien, c'est bien, mes petites ; vos litanies sont
gentilles, mais un peu longuettes : d'ailleurs , Mes-
dames....

Air de Calpigi.

Je ne suis ni Dieu, ni pontife;
Mais c'est par moi que l'on s'attife
Dans Paris, un peu proprement.
Traitez-moi donc sans compliment;
L'éloge est mon antipathie.
Il suffit à ma modestie,
Qu'en tous lieux on dise de moi,
De la mode, voilà le roi.

Mais il ne s'agit pas de cela. Où en sommes-nous de cette parure de deuil pour madame de Saint-Clair?

Madame L'ÉTOFFÉ.

Elle est contre-mandée jusqu'après le bal des ambassadeurs.

CREPANVILLE.

Ah! c'est juste. Et la noce de notre financière?

Madame L'ÉTOFFÉ.

Tout est prêt; Mademoiselle achevera la robe cette nuit.

CREPANVILLE.

A merveille, j'ai donné ma parole pour sept heures du matin. Je reviendrai après l'opéra, voir si l'on travaille.

Madame L'ÉTOFFÉ.

Vous allez donc revoir la pièce nouvelle. Ah, Monsieur, que vous êtes heureux d'avoir du temps de reste!

CREPANVILLE.

Comment diable, Madame l'Étoffé, du trait?

Madame L'ÉTOFFÉ.

Ce que j'en dis, n'est pas contre l'ouvrage; je desire beaucoup qu'il réussisse.

CREPANVILLE.

Eh! pourquoi faire?

Madame L'ÉTOFFÉ, *en confidence.*

Je médite une parure à la vestale.

CREPANVILLE.

J'y avois pensé, mais ça ne prendra pas.

Air *du Vaudeville de M. Guillaume.*

Pour rajeunir une parure antique,
Il faut les mœurs du temps qui l'enfanta;
Mais où trouver le modèle pudique
Des chastes filles de Vesta?
Grace aux Romains, grace à leurs lois brutales,
Ces trésors pour nous sont perdus:
Ils ont si bien enterré les Vestales,
    Qu'on n'en déterre plus.

JULIE.

On dit cependant qu'il y a de l'intérêt dans cette pièce.

CREPANVILLE.

Oui, et pas le sens commun.

Air *de l'Enfantine.*

Froid sujet, sans art, sans grace;
Froide amour et froide audace;
    Enfin, un monceau de glace
    Bâti sur un peu de feu.
Une soi-disant Vestale,
Soupirant en a-mi-la,
En pleine forme nous étale
Ses ardeurs, et cétéra.
Puis, vient un fils de Bellone:
La pouponne le couronne;
Puis, un ami le sermonne,
Et ne fait rien que cela.
    Un caveau,
  Du pain et de l'eau,
  Éclairs et brouillards,
  Quatre ou cinq pétards:
  Un chiffon brûlant,
  Un peuple hurlant;
  Et puis, tout en haut,
    Vesta montrant son réchaud.

Froid sujet, sans art, sans grace;
Froide amour et froide audace;

> Enfin, un monceau de glace
> Bâti sur un peu de feu.

Madame L'ÉTOFFÉ.

Plaisanterie à part, je vous demande grace pour les auteurs.

CREPANVILLE.

Ils vous doivent donc de l'argent ?

Madame L'ÉTOFFÉ.

Pas du tout ; mais j'aime la musique.

Air.

> Je veux d'une ligne secrète,
> Venger le chantre harmonieux
> Dont Paris admire et répète
> Les accords purs, délicieux.

CREPANVILLE.

Oh bien, je le recommanderai à mon journal ; et quant au poète,

> En sa faveur, de la critique,
> Pour adoucir les traits amers,
> Je ferai comme la musique ;
> J'aurai soin d'étouffer ses vers.

(On entend une marche lointaine.)

TOUTES LES DEMOISELLES.

Ah, qu'est ce que c'est que ça ?

JULIE, *à part.*

Je m'en doute.

SCENE VI.

LES PRÉCÉDENS, FANFARE. *Il se présente à la porte ; et après avoir donné un coup de trompette, il dit :*

Au nom du 3ᵉ de hussards, je viens, Madame, vous prier de nous permettre de faire ici une petite scène de triomphe.

SCENE VII.

Madame L'ÉTOFFÉ.

Qu'est-ce à dire, triompher dans ma boutique?

FANFARE.

Partout, Madame.

Air.

Les triomphes sont à la mode ;
Et, grace à nos héros français,
Le temps, le lieu, tout est commode
Pour vaincre et chanter nos succès.
Nous avons appris sur leurs traces,
Non loin des bords de la Newa,
Qu'on triomphe au milieu des glaces,
Bien mieux encor qu'à l'Opéra.

Madame L'ÉTOFFÉ.

Tout cela est bel et bon, Monsieur; mais apprenez que mon magasin n'est pas un Forum, et je ne permets rien.

FANFARE, *allant vers la porte, et donnant un coup de trompette.*

C'est entendu, messieurs; madame l'Etoffé ne permet rien : donnez-vous la peine d'entrer.

CREPANVILLE et Madame L'ÉTOFFÉ.

Quelle insolence !

SCENE VII.

LES PRÉCÉDENS, LICENTIUS. *Troupe de hussards formant une marche.*

CHŒUR.

Air : *R'lan-tan-plan, tire-lire.*

Confidents d'un pauvre amant,
En plein, plan, ran-tan-plan,
Tire-lire, tan-plan,

Nous venons pompeusement
Jouer un pauvre rôle;

Jouer un pauvre rôle,
En servant l'ardeur folle
D'un amoureux de couvent,
En plein, plan, r'lan......
Pour qui nous mettons au vent,
Bannière et banderole,
Bannière et banderole,

Et nos casques de tôle,
Et nos sabres de fer-blanc,
En plein, plan, r'lan, etc.
Braillant comme gens allant

Souper au Capitole.

CREPANVILLE.

Eh, Messieurs, encore une fois, entre-t-on chez une veuve comme dans une place d'armes?

FANFARE.

Je ne dis pas cela, Monsieur.

LICENTIUS, *à madame l'Etoffé.*

Pardon, Madame; mes amis, mes camarades, ont voulu me faire hommage d'un plumet qui vous a été commandé, et nous venons le chercher.

JULIE, *à ses compagnes, criant très-fort,*

C'est lui, c'est lui; ne me trahissez pas!

JENNY, *sur le même ton.*

On n'entend rien, sois tranquille.

Madame L'ÉTOFFÉ.

Eh, Monsieur, fait-on tant de bruit pour un plumet?

LICENTIUS.

Air: *Dans ce salon.*

Mon Dieu, ne vous effrayez pas
Des guerriers qui sont à ma suite:
De leur amour pour le fracas,
A bon marché vous êtes quitte.

Accueillez

Accueillez, nous vous en prions,
Notre innocente infanterie ;
Car une autre fois nous pourrions
Vous mener la cavalerie.

CREPANVILLE.

La cavalerie, des bêtes chez nous !

FANFARE.

Pour faire nombre seulement.

(*A part à Licentius.*)

Cadet, fais ton affaire : tu as le verbe un peu haut ;
mais ne te gêne pas, je les empêcherai de t'entendre.

LICENTIUS, *allant vers Julie.*

C'est bon, chère Julie...

JULIE.

Prenez-garde, on nous observe.

LICENTIUS.

Qu'importe ? Fanfare veille sur nous ; il est prudent,
discret : c'est la trompette du régiment.

JULIE.

Eh bien ! mon ami, j'ai rêvé cette nuit que je vous
verrois ce matin.

LICENTIUS.

J'ai fait mieux, j'ai rêvé ce matin que je vous verrois
ce soir.

(*Fanfare donne un coup de trompette.*)

CRÉPANVILLE, *se bouche les oreilles.*

Aie, aie, aie !

Madame L'ÉTOFFÉ.

A qui donc en avez-vous, Monsieur ?

FANFARE.

Ne faites pas attention : c'est une trompette que je
viens d'acheter ; je l'essaie.

CRÉPANVILLE.

Mais, Monsieur.....

FANFARE.

Air : *Une fille est un oiseau.*

Pardon, ce fracas vous nuit,
C'est la faute de mon rôle ;
Messieurs, je sors d'un école,
Qu'on distingue par le bruit.
Les modernes ariettes
Me ruinent en emplettes ;
J'ai brisé quatre trompettes,
Quatre bassons, six hautbois ;
Plus, trois paires de timbales
Accompagnant deux vestales
Qui chantoient à demi-voix.

TOUTES LES OUVRIÈRES *riant à la fois.*

Ah, ah, ah, ah !

Madame L'ÉTOFFÉ.

Eh bien, Julie, ce plumet ! En finirez-vous ?

JULIE.

Cela s'avance, ma marraine.

(*Elle coiffe Licentius.*)

Air : *Réveillez-vous.*

Présage de la destinée,
Dont ma tendresse te répond,
Reçois ce gage d'hymenée,
Dont l'espérance orne ton front.

(*Fanfare donne un coup de trompette.*)

CRÉPANVILLE.

Oh, c'est un assassinat ! Songez, (*à Julie*) Mademoiselle, qu'un autre ouvrage vous attend, et que vous devez
y passer la nuit.

LICENTIUS.

La nuit ! Qu'entends-je ?

F A N F A R E, *aux soldats.*

Alerte, mes amis, une chanson! Mesdemoiselles, un petit air.

L A U R E.

Lequel?

F A N F A R E.

Tout ce que vous voudrez; nous avons besoin d'un charivari.

L E S O U V R I È R E S, *chantent l'air · Ah! vous dirai-je maman.*

L E S S O L D A T S, *l'air : de la Pipe de Tabac.*

> (*Madame l'Étoffé et Crépanville vont de côté et d'autre, comme étourdis, pour faire cesser le bruit. Pendant ce tapage, Licentius dit à voix haute :*)

L I C E N T I U S.

Je viendrai t'arracher...

J U L I E.

Arracher qui?

L I C E N T I U S.

Oui, je veux t'arracher...

J U L I E.

Arracher d'où?

L I C E N T I U S.

Il faut que je t'arrache...

J U L I E.

Arrache donc.

L I C E N T I U S, *marchant vers Madame l'Etoffé.*

C'est dit, je paie, je triomphe. Marche.

C H Œ U R D E S O L D A T S, *sortant.*

En plein plan tire lire en plan.

SCÈNE VIII.

LES PRÉCÉDENS, *hors Licentius.*

CRÉPANVILLE.

DIEU merci, les voilà partis ; je cours bien vîte de mon
côté me dédommager de tout ce bruit à l'Opéra.

Madame L'ÉTOFFÉ.

Vous ne pouviez mieux rencontrer.

SCENE IX.

Madame L'ETOFFÉ, JULIE, OUVRIÈRES.

Demi-nuit.

Madame L'ETOFFÉ.

ALLONS, Mesdemoiselles, il est tard, fermez le magasin ; et que tout le monde se retire, excepté Julie.

       (*Elles ferment les volets.*)

Songez que vous n'avez pas de temps à perdre ; et
n'allez pas vous endormir au moins. Voici la pince et un
flacon d'huile : vous aurez soin d'en mettre de temps
en temps dans le quinquet, avec toutes les précautions
qu'exige l'étoffe délicate sur laquelle vous travaillez.

JENNY, *à part à Julie.*

Tu n'as pas peur des revenans ?

JULIE, *avec humeur.*

J'ai peur des bavardes.

LES OUVRIÈRES.
Chœur de Camille.

Bonne nuit. Adieu. Bonne nuit, etc.

SCENE X.

JULIE, *seule.*

ME voilà seule enfin. Quel parti prendre? Celui de
travailler; c'est le plus sage. (*Elle se met à travailler.*)
Je ne sais pas où j'ai la tête. Je casse mon fil, je me
pique les doigts; j'ai quelque chose qui me tourmente.

Air : *Que ne suis-je la fougère.*

> Que ma marraine s'abuse
> Sur les maux que je ressens,
> Et qu'à tort elle m'accuse
> De haïr tous les vivans.
> Hélas, sa pauvre filleule
> A le goût moins dédaigneux !
> Je ne suis pas plutôt seule
> Que je voudrois être deux.

(*Elle se lève.*)

Je ne puis rester en place; je vais, je viens. J'ai dans
l'idée que je ferai quelque coup de ma tête.

Air : *Ange de Dieu.*

> Je le ferai
> Ce coup de tête inévitable;
> Je le ferai
> Ce coup vraiment désespéré:
> Il va me rendre bien coupable:
> Mais, je le sens, j'en suis capable.
> Je le ferai.

Après tout, je n'ai rien à me reprocher.

Même air.

> J'ai combattu
> Tout juste ce qu'il faut pour dire
> J'ai combattu :
> Je suis quitte envers la vertu.
> Contre moi si le sort conspire,
> En cédant, je pourrai me dire,
> J'ai combattu.

Mais où cela me conduira-t-il ? Et quel fonds puis-je faire sur l'amour d'un hussard ?

> N'importe de ma triste vie,
> Que les Dieux au malheur condamnent sans retour !
> J'aurai pu consacrer un moment à l'amour,
Et c'est autant de pris.
> Malheureuse ! où m'emporte une erreur trop fatale ?
> L'opéra m'a perdue, et je parle en vestale !

Ah, mon Dieu, qu'il tarde à venir ! Mais je l'entends.

SCÈNE XI.

JULIE, LICENTIUS *en dehors.*

Air : *Un jeune Troubadour.*

> Le jeune Troubadour,
> Trop haut chantant sa mie,
> Des faveurs qu'il publie
> N'obtient plus le retour ;
> Moi, je suis plus discret,
> J'estime, et je m'en vante,
> Non l'amour que l'on chante,
> Mais l'amour que l'on fait.

JULIE.

Quelle délicatesse ! Mais quel embarras ! L'amour, l'honneur : voyons lequel sera le plus fort.
(*Elle prend une Marguerite qu'elle effeuille, en disant :*)

> J'irai,
> Je n'irai pas,
> J'irai,
> Je n'irai pas,
> J'irai.

(*Elle jette la tige.*) Le sort en est jeté ; ouvrons.

SCÈNE XII.

LICENTIUS, JULIE.

LICENTIUS, *cherchant Julie à tâtons, et parlant à la poupée qui est sur le comptoir.*

Chère Julie!

JULIE.

Je suis ici ; mais ne m'approche pas, j'ai peur.

LICENTIUS.

Pourquoi donc m'avez-vous ouvert ?

JULIE.

Pour me familiariser avec le danger.

LICENTIUS, *s'approchant.*

Eh bien, familiarisons-nous!

JULIE.

Ce mot me rassure. Parlons raison, mon cher Licentius.   (*Elle se jette à son cou.*)

Air : *Je t'aime tant.*

Je t'aime tant, je t'aime tant,
Mon amour tient de la folie ;
Pour peu qu'il aille en augmentant,
Il faudra bientôt qu'on me lie.

LICENTIUS.

Ah ! je bénirai ce lien,
Si le même nœud nous rassemble ;
Ma Julie, ah ! je le sens bien,
Il faudra nous lier ensemble.

JULIE.

Ah, ciel, éloignez-vous, le quinquet pâlit!

LICENTIUS.

Il faut remonter la mèche.

JULIE.

Tiens, c'est vrai. Maintenant, mon cher Licentius, la prudence exige que nous nous séparions.

LICENTIUS.

Elle exigeoit que je ne vinsse pas ; mais à présent

Air : *Il est trop tard.*

Il est trop tard ;
La craintive prudence
Dicte des lois que dément ton regard :
Quand l'amour vient suivi de l'espérance,
Fillette en vain ordonne son départ.
Il est trop tard,
Il est trop tard.

Air : *Quand de grand matin.*

Par un seul baiser,
Daignez apaiser
Cette ardeur qui me tourmente.

JULIE.

Non, par un baiser,
Je crains d'attiser
Cette ardeur qui m'épouvante :
Je ne veux pas.

LICENTIUS.

Fille en ce cas refuse,
L'adroit amant
Le lui surprend
Par ruse.

(*Il l'embrasse.*)   (*Nuit entière.*)

ENSEMBLE.

L'amour seul a tort ;
Il est le plus fort :
Voilà chacun notre excuse.

(*Licentius, dans ses transports, renverse le quinquet.*)

JULIE.

Qu'avez-vous fait ? La lumière est éteinte : ô terreur, ô disgrace !

SCENE XII.

LICENTIUS.

Air : *Au clair de la lune.*

Au clair de la lune
On ne peut travailler.

JULIE.

De mon infortune
Peut-on se railler ?
Ma chandelle est morte,
Je n'ai plus de feu ;
Passez-moi la porte,
Pour l'amour de Dieu.

LICENTIUS.

Laissez donc.

Air : *Jardinier ne vois-tu pas.*

A quoi sert un vain caquet,
Quand le péril approche ?
Pour rallumer le quinquet,
N'ai-je donc pas mon briquet
En poche, en poche ?
En poche.

LICENTIUS, *se fouillant.*

Juste ciel !

JULIE.

Qu'as-tu donc ?

LICENTIUS.

J'ai oublié l'amadou.

JULIE.

Ah, l'habile homme !

SCENE XIII.

LES MÊMES, FANFARE.

Air.

Alerte, alerte, alerte !
La mèche, amis, est découverte.

LICENTIUS.

Eh, dis plutôt qu'elle est à bas !
Ne vois-tu pas qu'on n'y voit pas?

FANFARE.

Quelqu'un qui nous a vu entrer, est allé chercher la garde.

JULIE.

Oh! ciel, la garde, la lumière éteinte, la robe tachée, que faire?

FANFARE.

Il y auroit un parti tout simple : vous l'aimez, il vous aime ; il est homme à vous épouser, suivez-nous.

JULIE.

Moi !

Air : *du pas redoublé.*

Moi, suivre un hussard si matin !
Que dira ma marraine ?

FANFARE.

Elle dira, plaise au destin
Qu'autant il m'en advienne.

JULIE.

Si je n'écoute que mon cœur.....

FANFARE.

On dira c'est l'usage.

JULIE.

Si je pars, que dira l'honneur?

FANFARE.

Il dira bon voyage.

LICENTIUS.

A quoi vous décidez-vous ?

JULIE.

Je ne me décide jamais.

LICENTIUS.

Eh bien, bonsoir !

JULIE.

Comment, bonsoir! Il est gentil, celui-là !

Air *des bourgeois de Chartres.*

J'admire la noblesse
D'un Français, d'un soldat
Qui laisse sa maîtresse
Dans un pareil état.

LICENTIUS.

Je ne prétends pas faire ici des épigrammes ;
Mais tout Paris vous apprendra
Que cette année, à l'Opéra,
On traite ainsi les femmes.

FANFARE, *le serrant fortement.*

Tu vois, mon ami, comme je te sers !

LICENTIUS.

Oui, tu me serres trop.

FANFARE, *à Julie.*

D'ailleurs, soyez tranquille ; nous arriverons tout juste à temps pour vous tirer d'affaire : au pis aller, nous avons la ressource des miracles.

SCENE XIV.

JULIE, *seule.*

Un miracle est la parole d'un amant. Quelle heureuse espérance ! J'entends du bruit : on entre... Je me trouve mal.

SCENE XV.

JULIE, SOLDATS DU GUET.

Air : *Chansonniers mes confrères.*

LE CAPORAL, *à sa troupe.*

Allez, qu'on les amène.

                              (*Sortant.*)

Courons.

LE CAPORAL, *aux autres.*

Entrons,
Pour faire une scène;
Crions à perdre haleine,
Au voleur, au voleur,
Au voleur, au voleur !

SCENE XVI.

Madame L'ETOFFÉ, ouvrières *en déshabillé de nuit, une chandelle à la main;* CRÉPANVILLE.

LES OUVRIÈRES.

J'accours, pleine d'effroi !

Madame L'ÉTOFFÉ.

Dieux ! qu'est-ce que je voi ?
Julie
Evanouie,
Soldats,
Fracas
A perdre l'ouie,
Aventure inouie;
J'en mourrai de frayeur !

TOUS.

Au voleur, au voleur !

CRÉPANVILLE, *qui entre criant comme les autres.*

Au voleur, au voleur !

Hein ! qui, quoi, qu'est-ce que fait là mademoiselle ?

LAURE, *soulevant Julie.*

Elle reprend ses sens !

JULIE.

Je le crois bien: à moins d'être morte depuis quinze jours, le moyen de ne pas entendre le vaçarme que vous faites ?

CRÉPANVILLE, *aux soldats.*

Mais enfin, Messieurs, de quoi s'agit-il ?

LE CAPORAL.

Nous avons vu deux voleurs sortir de cette maison.

JULIE.

Ce ne sont pas des voleurs. Soldats du guet à pied, je
confesse que j'aime.

Madame L'ÉTOFFÉ, OUVRIÈRES.

Elle aime !

Chœur des Rigueurs du Cloître.

Ah ! quel scandale abominable,
Quel déshonneur pour la maison, etc.

CREPANVILLE.

Mes petits cœurs, assez de chœurs comme ça.

Madame L'ÉTOFFÉ.

Nommez le mortel téméraire qui osa forcer la porte.

JULIE.

Il n'a rien forcé, ma marraine, je l'ai ouverte.

CREPANVILLE.

Air *de Raoul Barbe-Bleue.*

Perfide, tu l'as ouverte !
Tu jeûneras.
Je dois un grand exemple, et je vais le donner.

(*A Julie.*)

Rendez - vous sur-le-champ dans le petit grenier où
l'on blanchit la gaze : vous y resterez au pain et à l'eau
pendant un mois.

JULIE.

Au pain et à l'eau, dans l'état où je suis ! (*A Laure.*)
Mets-en pour deux.

CREPANVILLE.

En attendant, que tous mes dons lui soient retirés.

Air : *Rendez-moi mon écuelle.*

Otez-lui sa douillette
A l'instant,
Otez-lui sa douillette ;
Au lieu de ce bonnet élégant,
Mettez-lui, mettez-lui
La cornette.

CHŒURS.

Otons-lui sa douillette
A l'instant.

CREPANVILLE, *lui jetant sa cornette.*

Tiens, voilà ta cornette.

(*On entend un coup de tamtam.*)

Madame L'ETOFFÉ.

Qu'est-ce que c'est que ça ?

CREPANVILLE.

Ne faites pas attention : c'est le chaudronnier du coin.
Les provisions sont-elles prêtes ?

LAURE et **JENNY,** *déposant à ses pieds une petite
corbeille.*

Voici les provisions.

CREPANVILLE.

Faites-lui vos adieux, Mesdemoiselles ; et que ceci
vous serve d'exemple.

(*Madame l'Etoffé prend sur le comptoir une
poupée qu'elle tient dans ses bras, et se met ainsi
à la tête des Ouvrières, qui font une procession
autour de la corbeille.*)

LAURE, *lui présentant tristement un verre d'eau*
et une mouillette.

Air *de la sauteuse.*

Trempe ton pain, Julie, trempe ton pain,
Julie, trempe ton pain dans l'eau claire ;
Trempe ton pain, Julie, trempe ton pain
Dans l'eau claire à défaut de vin.

JENNY.

Si l'on met à l'eau fraîche
Toute fille qui pèche,
L'eau claire à la fin
Sera plus chère que le vin.

(*Chœurs et processions. Trempe ton pain.*)

CREPANVILLE.

Air *de la vigne à Claudine.*

Allez, et que l'on cache
Au fond de sa prison,
Celle de qui la tache
A souillé ma maison.

Vous verrez si l'on brave
Les gens de mon métier ;
Prenez ce rat-de-cave,
Et montez au grenier.

JULIE, *prenant le rat-de-cave.*

Mon dieu, que de simagrées !... J'y vais.

(*Elle monte trois marches.*)

SCENE XVII.

LES MÊMES, LICENTIUS, FANFARE.

LICENTIUS.

Non, elle n'ira pas !

CREPANVILLE.

Elle ira.

FANFARE.

Elle n'ira pas.

CREPANVILLE, Madame L'ÉTOFFÉ.

Elle ira.

FANFARE.

Qu'appelez-vous, elle ira! Et Cadet et moi, nous comptez-vous pour rien!

Air : *O ma tendre musette !*

> Craignez tous les désastres
> Prêts à fondre sur vous ;
> Les miracles, les astres
> Vont combattre pour nous.
> Pour braver l'infortune,
> Dans un danger pareil,
> Si d'autres ont la lune,
> Nous avons le soleil.

(*Il allume un petit soleil, qu'il fait tourner dans un petit bâton.*)

CHŒUR GÉNÉRAL.

Air : *Cantique de St. Antoine.*

> Ciel ! l'univers est prêt à se dissoudre ;
> Les élémens vont-ils se désunir ?
> Dans les cieux j'entends la foudre
> En longs éclats retentir.
> Le monde en poudre
> Va-t-il finir ?
> Ah, quel événement !
> Quoi, tout s'embrase,
> Linons et gaze ;
> Affreux moment,
> Et triste dénouement.

(*Pendant ce chœur, Fanfare sonne de la trompette.*)

LICENTIUS.

SCENE XVIII.

LICENTIUS.

Eh bien ! Consentez-vous ?

FANFARE.

Gare l'incendie.

CREPANVILLE.

C'est un trait de lumière. Arrêtez.

Madame L'ÉTOFFÉ, *à Licentius.*

Qui êtes-vous ?

LICENTIUS.

Licentius, maréchal des logis. J'aime votre filleule, j'en suis aimé, je la demande, vous me l'accordez ; et tout est dit.

Madame L'ÉTOFFÉ.

Puisque vous le dites, il faut bien que cela soit.

CREPANVILLE.

Mais, Monsieur, cette robe de noce qui me reste sur les bras.

LICENTIUS.

Je la passe dans ceux de Mademoiselle, et je vous la paie. Qu'avez vous à dire ?

CREPANVILLE.

Rien, sinon que vous brusquez un peu les affaires, M. Licentius, je me crois encore à l'Opéra.

LICENTIUS.

Plus d'épigrammes, je vous prie. Je veux mener après demain, ma future et toutes ces demoiselles voir la Vestale.

Madame L'ÉTOFFÉ.

Je me flatte, Monsieur, qu'elles n'y seront pas dé-
placées ; et je vous félicite d'avoir assez de goût pour aimer
cet ouvrage.

LICENTIUS.

J'en raffole, Madame.

Air :

J'applaudis les heureux talens
De ces acteurs, que l'on admire ;
J'applaudis aux accords brillans
D'une jeune et savante lyre.
Même au poète on peut fort bien
Dire un petit mot qui l'oblige ;
Car si la pièce ne vaut rien,
Le dénouement est un prodige.

Madame L'ÉTOFFÉ.

Oh ! sur le titre seulement, j'en aurois garanti le
succès.

VAUDEVILLE FINAL.

Air : *Au fond du bois.*

La foule qu'on amène
Par ce titre curieux,
Voudra d'un phénomène
Se convaincre les yeux :
De fins connoisseurs la salle,
Chaque soir se remplira ;
On voudra voir la Vestale
 De l'Opéra.

FANFARE.

Dans la scène du Temple,
Quel effet inattendu ;
Pour nous un tel exemple
Ne sauroit être perdu.
De cette ice morale
Mainte fille sortira

Sage comme la Vestale
  De l'Opéra.

LICENTIUS.

Omphale, Armide, Alceste,
Et Télaïre et Procris,
Par une voix céleste
Jadis enchantoient Paris
Ces grands talens qu'on signale,
A nos vœux qui les rendra ;
Chacun dit : c'est la Vestale
    De l'Opéra.

JENNY.

Le malheur de Julie
Nous atteindra quelque jour ;
Chacun doit, dans la vie,
Payer sa dette à l'amour.
Tout cœur à ses lois fatales
Se soumet, se soumettra ;
Même le chœur des Vestales
    De l'Opéra.

CREPANVILLE.

Cléon, du mariage
Pour s'assurer tous les droits,
D'une Agnès de village
Par prudence avoit fait choix ;
Dupe d'une erreur fatale,
Cléon bientôt s'écria :
C'est encore une Vestale
    De l'Opéra.

JULIE *au Public*.

Grande dame, ouvrière,
Tout peut faillir ici bas ;
Par bonheur, le parterre
Pardonne plus d'un faux pas ;
Puisse une indulgence égale,
  M'unissant à Julia,

Traiter Julie en Vestale
De l'Opéra.

DERNIER COUPLET POUR ANNONCER L'AUTEUR.

De cette bagatelle,
Que vous daignez accueillir,
L'auteur, que l'on appelle,
N'a pas droit de s'applaudir :
Vous voulez qu'on le signale ;
Dans ce cas on vous dira,
C'est l'auteur de la Vestale
De l'Opéra.

FIN

9 782329 586755